Nevfel Cumart

Unter den Flügeln der Nacht

Gedichte

Grupello Verlag • Düsseldorf 2012

Dieser Band enthält eine Auswahl von 87 bislang unveröffentlichten Gedichten aus dem Jahre 2012.

für arif cumart,
dem so viel zu verdanken ist

suche nach linderung

familiengeschichte

die vorfahren
des vaters meines vaters
beteten lange zeit die sonne an
verbrüderten sich mit dem wind
zogen mit dem sturm
bis zu den erloschenen vulkanen
stiegen tief hinab in die höhlen
und in den nächten
wärmten sie sich
mit klageliedern an den feuern –
        sie überlebten mit mühe

ihre nachfahren
entdeckten gott
legten ein heiliges gelübde ab
dann zogen sie durch die wüsten
überquerten die berge
wichen den mongolen aus
wichen den turkmenen aus
kämpften gegen den hunger
kämpften gegen den durst
später gegen die feinde
jenseits des flusses
und gelangten schließlich
in die tiefe ebene bei adana
die malaria erwartete sie
der tod in den sümpfen –
        sie überlebten mit mühe

von istanbul nach adana

früher fuhr ich mit dem bus
sechzehn stunden
manchmal auch siebzehn oder achtzehn –
heute eine stunde flug mit turkish airlines

die raststätten und verdreckten toiletten
in den schwülen nächten
das scheinwerferlicht
der rasenden autos auf der gegenspur
der plötzliche tod reiste immer mit
der zigarettenqualm
raubte mir den atem
brannte im gesicht
an schlaf war nie zu denken
nur träume halfen durch die nacht

früher fuhr ich mit dem bus
sechzehn stunden
manchmal auch siebzehn oder achtzehn –
heute eine stunde flug mit turkish airlines

reihe drei sitz c am gang
neben mir ein platz frei
am fenster ein geschäftsmann
mit anzug krawatte fein gestutztem bart
schläft seit dem start
durch den fluglärm
ist sein schnarchen zu hören

für ihn
ein heimflug
drei stunden nach seinem termin am bosporus
für mich
eine grabreise
fünf jahre nach dem tod meiner mutter

heimat nicht

meine großeltern
die ich niemals gesehen habe
meine mutter
die ich niemals lachen hörte
mein bruder
der niemals gehen konnte
sind hier

meine tante
deren milch ich trank
mein onkel
dessen hand ich küßte
mein cousin
dessen märchen mich trösteten
meine cousine
in die ich verliebt war
sind hier

begraben

heimat nicht
erinnerungen
heimat nicht
sehnsucht
heimat nicht –
      die toten
      ziehen mich in diese stadt

wortlos in adana

sie wissen es nicht
wie sehr mich
diese gasse aufwühlt
wie klein ich
mich hier fühle
wie sehr ich
hier verstumme –
meine augen können
diese staubwolke
nicht durchdringen

sie wissen nicht
wie oft
ich an diese gasse denke
wie schnell
mein herz dabei schlägt
wie sehr
ich die toten vermisse –
meine augen können
diesen schleier
nicht durchdringen

sie wissen nicht
daß mir die worte fehlen
um sie zu beschreiben
diese sehnsucht

die gasse

es war immer heiß
in der gasse
stickig und laut
zu jeder zeit
der kleine hof
blieb nie leer
ein kommen und gehen
zu jeder zeit
ohne ankündigung
ohne verabredung
ohne hast

der schlaf kam spät
auf den warmen flachen dächern
begleitet von nächtlichen geräuschen
die die träume verscheuchten

schwer zu sagen
was mich in diese gasse zieht
die türkischen lieder
die arabischen gebete vielleicht
die küsse meiner tante
auf hals augen wangen
der mittelsüße mokka vielleicht
die papierdrachen über den häusern
die tauben meines cousins vielleicht
die suche nach den märchen
meiner kindheit
die suche nach linderung
die suche nach
familie vielleicht

anatolien

in den verrauchten überlandbussen
fuhr ich nachts an den rand des abgrunds

in den verwinkelten gassen
versteckte ich mich vor den soldaten

in den heiligen grabkammern
flüsterten sie gebete in mein ohr

in der ausgelaugten erde
liegen meine verwandten begraben

wo sind diese tage geblieben
sind es stimmen oder träume?

in den abgelegenen dörfern
verbrannte ich mir das gesicht

in dem stickigen halbdunkel
lernte ich das papier lieben

in den kargen apfelsinenhainen
folgte ich den spuren der schlangen

in den durchsichtigen nächten
lauschte ich den arabischen märchen

wo sind diese tage geblieben
sind es stimmen oder träume?

landeanflug auf adana

schemenhaft in der dämmerung
das taurusgebirge
aus dem flugzeug zu sehen
früher die letzte hürde
der endlos langen odyssee
von stade nach adana –
das ächzen blieb in erinnerung

mein vater griff das lenkrad
mit beiden händen
die augen gerötet vor müdigkeit
schweißperlen auf seiner stirn
unser blauer vw-bus hatte
keine servolenkung
kaputte stoßdämpfer
und vielleicht 48 ps –
das ächzen blieb in erinnerung
unser ständiger begleiter

und die hitze
die uns zu ersticken drohte
und der abgrund
der uns zu verschlucken drohte
und die kargen hügel
und die engen kurven
und die gebete
die wild umherschwirrten
und die herzen unserer eltern
die mit jedem weiteren kilometer
in richtung adana
schneller schlugen

tante schahdiyes geburt

wer weiß wann
vielleicht in jenem jahr
in dem die malaria
das halbe dorf in den tod riß
oder in jenem sommer
in dem die baumwolle
von heuschrecken vernichtet wurde

wer weiß wann
vielleicht in jenem winter
in dem die russischen soldaten
die flüchtlinge bis in die tiefe ebene trieben
oder in jenem frühjahr
in dem der greise scheich
barfuß auf den berg nusairi stieg

wer weiß wann
vielleicht in jenem monat
in dem mustafa kemal
im hafen von samsun anlegte
oder ein jahrzehnt später
als er durch das land reiste
das neue alphabet vorstellte

gott weiß wann
meine tante schahdiye
geboren wurde

wessen

meine tante schahdiye
ist nicht mehr da
wessen küsse bekomme ich jetzt?

mein onkel vehbi
ist nicht mehr da
wessen bogma trinke ich jetzt?

meine tante sabahat
ist nicht mehr da
wessen märchen höre ich jetzt?

mein onkel ibrahim
ist nicht mehr da
wessen tauben füttere ich jetzt?

meine tante sabriye
ist nicht mehr da
wessen fladenbrot esse ich jetzt?

mein onkel süleyman
ist nicht mehr da
wessen hand küsse ich jetzt?

meine jahre
sind nicht mehr da
wessen kind werde ich jetzt?

von mersin nach adana

die lokomotive ächzt
mühsam folgen
ihr die wagen
dieselgestank rauch hitze

auf neun uhr das taurusgebirge
das mittelmeer auf fünfzehn uhr
die sonne jenseits der zeit

der schnee auf den berggipfeln
wird bleiben
im winter wie im sommer
die berge werden bleiben
bei tag und bei nacht
meine gedanken kümmern sie nicht
mein alter auch nicht

in fünfzehn tagen
werde ich fünfundvierzig –
was zurückliegt
habe ich gesehen
nicht immer verstanden
was vor mir liegt
weiß er allein

sehnsucht verschwommen

der schlaf kommt in bamberg
die träume ziehen nach adana

das lachen kommt in bamberg
die tränen fließen nach adana

das rechte auge sieht
den schnee auf den feldern
das linke blickt auf
die glut der baumwolle

das linke bein steht
fest auf dem domplatz
das rechte kniet
im hof der merkez moschee

die eine hand streichelt
den hund im garten
die andere führt
das lamm zum opferplatz

der tod kommt in bamberg
das grab ruft in adana

mein onkel ibrahim

mein onkel ibrahim
hatte hände
die nach erde rochen
fußsohlen
so hart wie leder
und elf kinder
eines von ihnen
mein bruder im herzen –
damals verstand ich nicht
heute weiß ich
daß wir an derselben brust
milch getrunken haben

mein onkel ibrahim
lebte auf den feldern
pflanzte auberginen tomaten melonen
gurken okraschoten
und wenn er die felder bewässerte
teilte er das wasser
mit genauem auge und maß –
damals verstand ich nicht
heute weiß ich
daß er an die gerechtigkeit
in der schöpfung gedacht hat

mein onkel ibrahim
erzählte märchen
in den nächten
endlos lange märchen
und sang lieder unter dem sternenzelt
ich spürte die trauer
zwischen den arabischen wörtern –
damals verstand ich sie nicht
heute weiß ich
daß er vom tod gesungen hat

und wenn
mein onkel ibrahim lachte
kreisten vögel um seinen kopf –
damals verstand ich nicht
heute weiß ich
daß sie ihn gesegnet haben

mein onkel ibrahim
ist gestorben –
wer weiß
wie lange sie es mir verheimlicht haben
wer weiß
wie er seine letzten stunden verbracht hat
wer weiß
welche gebete er an ihn gerichtet hat
vielleicht die gebete
die ich als kind schon von ihm gehört habe –
damals verstand ich sie nicht
heute weiß ich
daß gott
meinen onkel ibrahim
geliebt hat

kindheitsgasse

wie mir der geruch
in dieser gasse vertraut ist –
ein aufwühlendes gemisch
dringt in die nase

wie mir die hitze
in dieser gasse vertraut ist –
die sengende sonne
brennt im nacken
staub
werden meine erinnerungen
aus der kindheit
legt sich auf meine zunge

wie mir der lärm
in dieser gasse vertraut ist –
von weitem die kinder
die greise vor den türen

wie mir der tod
in dieser gasse vertraut ist –
die klagelieder im hof
die gebete hinter den türen

wie mir die sehnsucht
nach dieser gasse vertraut ist –
das ankommen hat keinen namen
das abreisen nenne ich schmerz

armut in adana

möge gott wohlgefallen an dir finden
möge der prophet zufrieden sein mit dir

ein paar socken in staubigen tüten
fünf lira in die faltige hand
ein halbes brot
in zeitung eingeschlagen

mögen deine hände niemals leid erfahren
möge gottes segen dich niemals verlassen

ein feuerzeug in glitzernden farben
ein blick in müde augen
ein muttermal auf verbrannter haut

mögen deine kinder mit mutter und vater aufwachsen
möge gott deinen kindern geist und wissen geben

eine packung taschentücher
kaugummis auf kleinen häufchen
einmal wiegen auf der rostigen waage

möge der barmherzige dich immer begleiten
möge das paradies dir immer offenstehen

am grab meiner mutter

sie ist gestorben
sagen sie
denn sie
wissen nicht
daß sie
an jenem morgen
in mein
herz
geflohen ist

adana im mai 2010

es ist das lachen
das ich vermißt habe
die liebe zu den kindern
das blaue auge am hals
das flackern der kerzen
die küsse auf wangen augen haaren

es ist die zeit
die ich vermißt habe
die liebe zu den tauben
der besuch ohne ankündigung
der süße mokka in kleinen tassen
im duft des weihrauchs

es ist das gebet
das ich vermißt habe
die liebe zu gott
sein name zwischen allen sätzen
der ruf des muezzins
von norden osten süden westen

die dämmerung senkt sich
auf die flachen dächer
wiegt die hitze
in den schlaf
auch die vögel
auch den staub
auch den lärm
damit sie später
zu mir finden
die träume
die ich so vermißt habe

meine tante feride

in den türkischen sommerwochen in adana
litt ich als kind
stets an einer mandelentzündung

es ist wegen der hitze
sagten manche
es kommt von der langen reise
meinten andere
es ist wegen der dicken kopfkissen
sagten manche
es kommt von der aufregung
meinten andere
es ist weil er auf dem dach schläft
sagten manche
es ist wie es kommt
sagte meine tante feride
zu der sie mich jedes mal brachten
so wie alle kranken in der gasse

meine tante feride
saß immer
barfüßig auf einem kleinen kelim
in der gasse
ihr kopftuch im nacken gebunden
den rücken an die hauswand gelehnt
das linke bein angewinkelt
und noch ehe ich mich herunterbeugen konnte
streckte sie mir ihre rechte hand entgegen
damit ich sie küßte
und an meine stirn führte

meine tante feride
wickelte dann
ein weißes kopftuch aus rauhem stoff
um zeige- und mittelfinger ihrer rechten hand
tunkte sie in eine schüssel
mit warmem olivenöl
klemmte meinen oberkörper
zwischen ihre beine
preßte meinen kopf in ihren schoß
und stieß die ölgetränkten kopftuchfinger
immer wieder in meinen rachen
während mein vater und meine mutter
mich an den beinen festhielten
ich zappelte dennoch
ich krächzte
ich weinte
ich fluchte innerlich
vielleicht schämte ich mich auch
und was ich mit sicherheit weiß:

bis zu meinem 19. lebensjahr
bis zu meiner mandeloperation
im stader krankenhaus
überkam mich jedes mal
eine panische angst
sobald ich
meine tante feride
in adana erblickte
in den türkischen sommerwochen

über den dichter I

hustet das kind
im fieber
versiegen
die worte des dichters

wenn der geliebte
seinen schleier lüftet
gelingt dem dichter
ein vers voller liebe

über den dichter II

die geschichte der sterne
das schicksal des mondes
erzählt der dichter
noch vor dem morgen

schlägt jemand der
erde eine wunde
schlägt er
den nacken des dichters

die unschuld des wassers

amelia in vancouver

seit fünf tagen schon
ist meine kleine honigblume krank
seit fünf tagen schon
hat sie nichts gegessen
und heute
den ganzen tag
noch kein wort gesprochen

am abend
flüstert sie mühsam:
wird meine stimme wiederkommen?
aber natürlich mein schatz
kein kind mit elf jahren
hat jemals seine stimme verloren
verspreche ich
und frage mich
wann endlich die medikamente wirken werden

in der nacht
glüht neben mir im bett
der zerbrechliche körper
meiner kleinen tochter
im fieber
schweißperlen auf ihrer stirn
das nachthemd klebt auf ihrer haut
sie wälzt sich
hin und her
ihre hand fällt auf meine brust
fünf zierliche finger
brennen sich tief ein in mein fleisch –
der schmerz dringt
bis in mein herz
trägt mich durch die nacht ohne schlaf

sorgen um amelia

nachdem amelia
viel zu früh auf die welt kam
war ihr zustand kritisch
ungewiß war
ob sie überhaupt das krankenhaus
verlassen und zu uns kommen würde

ich war alleine zuhause
meine eltern fern im norden
wähnten sich im glück
meine brüder fern im norden
feierten nichtsahnend
ich wollte sie nicht stören

meine verzweiflung nahm zu
in meiner not
rief ich einen scheich an
dem man große segenskräfte nachsagte
und bat ihn inständig
für uns zu beten

ich verbrachte die stunden
mit einer flasche johnny walker
ich lag auf dem boden
ich lag auf dem bett
ich schlug gegen die schweigende wand
ich erstickte fast in tränen
schließlich rief ich gott
und versprach ihm alles

hätte es
meiner kleinen honigblume geholfen
ich hätte meine hände gegeben
hätte es
meiner kleinen dattelpalme geholfen
ich hätte mein blut gegeben
hätte es
meiner kleinen wüstenakazie geholfen
ich hätte mein augenlicht gegeben
hätte es
meiner kleinen tochter geholfen
ich hätte mein herz gegeben
in dieser längsten nacht
meines lebens

amelia in athen

ostern strömt durch die luft
athen ist im ausnahmezustand
glocken läuten an jeder ecke
scharen von menschen
strömen in die kirchen
morgens mittags abends und in der nacht
gebete schwirren umher
trauer strömt durch die luft
und im griechischen fernsehen laufen
jesusfilme bibelfilme mosesfilme
ein hollywood-epos nach dem anderen

am abend kommt
meine kleine honigblume
aus der wohnung ihrer yaya
hinauf und strahlt mich an
mit ihren acht jahren und fünf monaten:
papa ich habe gott gesehen!
gott?
ja im fernsehen unten bei yaya
ich habe gott gesehen!

wie erzähle ich das nur meinem vater
der die suren mit geschlossenen augen rezitiert
der die außerkoranischen verse auswendig kennt

wie erzähle ich das nur meinem onkel yusuf
der den namen des einen nicht einmal ausspricht
um ihn nicht in zwei silben zu teilen
um ihm keinen buchstaben beizugesellen

amelia drei tage vorher

mit sechs monaten
nahmen wir meine kleine tochter
zum ersten mal mit in das meer
tauchten sie ein in das salzige wasser
ließen sie auf dem rücken gleiten
urlauber zürnten uns mit bösen blicken
wir aber hofften auf
den keim der liebe zum meer –
das liegt über drei jahre zurück

drei tage vor unserer flucht aus dem paradies
springt meine kleine wüstenakazie
in den swimming-pool des hotels
immerzu ruft sie uns lachend zu
immerzu fordert sie uns auf
ihr zuzuschauen
wie sie mit taucherbrille und schwimmflossen
angeblich taucht und taucht und taucht
nur mit viel mühe und
überredungskunst können wir
sie aus dem pool locken
und zum essen gehen

mit ihren drei jahren und zehn monaten
glaubt sie an die unschuld des wassers
ahnt nichts von der welle
die uns bald erfassen und
an den rand des todes spülen wird

amelia weihnachten 2007

landung in trivandrum
32 grad celsius im schatten
palmenpracht am strand
statt schnee und frost –
eine lange reise
liegt hinter uns
die im morgengrauen begann
uns über mumbai und goa
in das grüne herz keralas führte

auf dem ersten flug
wollte meine kleine honigblume
unbedingt wissen
ob der weihnachtsmann
ihr die gewünschte annabell-puppe
auch wirklich bringen wird
ob er wohl den weg nach indien findet
oder ob es ihm und den rentieren
zu weit ist und vielleicht zu heiß

auf dem zweiten flug
erzählte sie von jesus
und wie arm seine eltern waren
und wie er den hungrigen menschen zu essen gab
und wie er ganz schlimm verraten wurde
und wie er so schwer tragen mußte
und wie er an das kreuz genagelt wurde
und wie er gar nicht geschimpft hat
und wie es so doll geregnet hat
und wie an den anderen kreuzen böse menschen hingen
und wie sie alle auf dem berg traurig geweint haben
und noch einiges andere mehr
was ein katholischer kindergarten
einem kind mit auf die reise gibt

am abend schließlich
in unserem hoch gelegenen cottage
am arabischen meer
fragte meine kleine wüstenakazie
und wollte unbedingt antworten haben:
wer ist denn eigentlich
die frau mutter von gott?
und wer ist stärker
jesus oder gott?
oder ist der heilige geist am stärksten?
denn der kann ja gut fliegen!

mit ihren sechs jahren und zehn monaten
wollte ich meiner kleinen dattelpalme
die dreieinigkeit nicht zumuten
und sagte ganz bestimmend:
gott ist am allerallerstärksten
mein schatz
und fliegen kann er auch!

amelia und der regen

am telefon
meine tochter die kleine honigblume
erzählt was sie gestern
erlebt hat in athen
ihre stimme schwankt
dabei hin und her
zwischen stolzer freude und enttäuschung

der himmel war ganz grau papa
so richtig dunkel grau
mama wollte daß es trocken bleibt
erzählt die kleine wüstenakazie
aber ich habe mir regen gewünscht
und weißt du was dann passiert ist
es hat wirklich geregnet
siehst du papa gott hat gebracht
was ich mir gewünscht habe
das war gut so
und dann habe ich mir
eine dose cola gewünscht
doch es kam nichts
gar nichts
das war gemein von ihm

sei nicht so enttäuscht
tröste ich meine kleine dattelpalme
mit ihren acht jahren und vier monaten
du bist von gott
und gott ist
auch so wie du
er gehorcht nicht immer
mein schatz
er macht einfach was er will
so wie du

amelias einschulung

ich weiß es nicht mehr so genau:
waren es fünf oder sechs tage vorher
daß meine tochter
die kleine honigblume
nicht mehr einschlafen konnte
vor lauter aufregung

dann kam endlich
der tag der einschulung:
die sonne war verschwunden
graue wolken hingen am himmel
es regnete in strömen
doch meine kleine wüstenakazie
wollte zur feier des tages
unbedingt ein sommerkleid anziehen

dann fuhren wir zur schule:
im frostig-kalten flur
standen wir auf engem raum
eine kurze andacht
ein paar worte des pfarrers
den wir nicht sehen konnten
ein paar abgelesene worte des konrektors
vermutlich aus dem letzten jahr
ein paar fragen einer lehrerin
an die neuen kinder
die sie vorsorglich selbst beantwortete
schließlich ein paar strophen
eines kinderliedes –
was für ein glück
daß oma und opa aus dem fernen norden
nicht den weg auf sich genommen hatten
für solch ein trauerspiel

amelia und die taube

meine tochter
die kleine honigblume
hielt tröstend meine linke hand
als wir über die platia in holargos gingen

wir kamen gerade vom friseur
der sich geweigert hatte
mir die haare zu schneiden
weil ich ohne „randevu" gekommen war

ich haderte mit meinem schicksal und
der juckenden kopfhaut als
meine kleine wüstenakazie plötzlich
einer taube zurief:
hallo nikos

woher weiß du denn
wie diese taube heißt
fragte ich sie

das ist doch pappu nikos
mamas vater der wo gestorben ist
der ist jetzt eine taube im himmel
und kommt manchmal hierher zu uns

und du?
was sagst du
wenn du nene pakize triffst?
sagst du nur merhaba zu ihr?
fragst du sie
wie es ihr geht im himmel?
und ob sie oft pappu nikos sieht?

es war der ton
in ihrer stimme
die wärme
und die liebe
in ihrer stimme
die mich im nu vergessen ließ
wie sehr meine kleine tochter
mit ihren acht jahren und zwei monaten
mit ihren tausend fragen
mit ihrem spieltrieb
mit ihrer ungeduld
mit ihrer aufregung zu ostern
mir in den letzten tagen
die ruhe geraubt hatte

amelia in seattle

seit stunden schon sind wir
im pacific science museum
zuerst ein film im imax-theater
über die polarbären in der arktis
die unter dem schmelzenden eis leiden

danach eine berauschende ausstellung
über king tut und die anderen pharaone
mit ihren reichen grabschätzen

dann die wasserspiele im freien
mit den erfindungen des archimedes
und schließlich
die welt der dinosaurier
in der großen halle

nach dem tyrannosaurus rex
plötzlich
eine riesige weltkugel
vor uns
hängt von der decke herab
von innen beleuchtet
von computern gesteuert
darauf der tsunami
vom dezember 2004
und wie er sich
nach dem beben ausbreitet
und noch einmal
und noch einmal
und jedes mal
um neun uhr vierundfünfzig ortszeit
spült die welle
über den süden sri lankas hinweg

ist das der tsunami
in dem wir waren?
fragt meine kleine honigblume
während die wellen
sich wieder ausbreiten
ja flüstere ich
und denke daran
daß ich nicht bei ihr war
als die welle
auf sie zukam

wir stehen da
meine kleine tochter
und ich
hand in hand
stehen wir da
schweigend
hand in hand
starren auf die weltkugel –
        wohin sollen wir auch gehen
        die welle holt uns doch ein

amelias glück

meine tochter
die kleine honigblume
braucht nicht umständlich
zwischen den zähnen herumzustochern
ihre zähne stehen dicht beieinander
und sind wohlgeformt
sie hat keine baustellen
so wie ich in meinem mund

sie macht sich keine gedanken
über ihre kleidung
kein kopfzerbrechen darüber
was farblich zueinander paßt oder nicht
was dem wetter draußen entspricht –
was ihre mutter für sie aussucht
gefällt der kleinen dattelpalme

ihre mutter liest ihr
morgens nach dem aufstehen
und abends vor dem schlafengehen
geschichten vor
in denen es um kleine kinder geht
oder um tiere
aber immer auch um liebe
und danach kommt ein gebet

meine tochter
die kleine wüstenakazie
liest keine nachrichtenmagazine
und keine tageszeitungen
hört keine schreckensmeldungen im radio
sieht keine bilder des todes im fernsehen

sie fürchtet die brandherde nicht
die schandmale
guantanamo und abu ghuraib
sind ihr fremd
die tragödien in
ruanda und darfur auch
das schicksal der flüchtlinge
bedrückt sie nicht

der anrufbeantworter
interessiert sie nicht
der trojaner im computer
nervt sie nicht
die unpünktliche bahn
ärgert sie nicht
der redaktionsschluß
kümmert sie nicht
der kontostand
ängstigt sie nicht
die blutwerte
erschrecken sie nicht

wie glücklich
mag wohl
meine kleine tochter sein
mit ihren drei jahren und elf monaten

amelia und die schule

meine tochter
die kleine honigblume
hat die ersten tage in der schule hinter sich

am zweiten tag
war sie in der pause gestürzt
ein riesiger blauer fleck
am linken oberschenkel
sie fragte mich
ob die knochen alle gebrochen wären

am dritten tag
konnte sie nicht einschlafen
weil sie befürchtete
die hausaufgaben
falsch gemacht zu haben

am vierten tag
hatte sie ihre hefte
in der schule vergessen
und weinte den ganzen nachmittag

am fünften tag
war sie wieder gestürzt
die rechte hand aufgeschürft
sie fragte mich
ob alle adern geplatzt seien

wenn es auf diese weise weitergeht
ist es wohl nur eine frage der zeit
bis meine kleine tochter
mit gipsbein und krücken
zur schule geht

über den dichter III

gottes gesandter
ist der prophet
der gott des dichters
das alphabet

stirbt der dichter
erfahren es
zuerst
die vögel am himmel

über den dichter IV

das wasser fließt
findet seinen weg zum meer
die worte fließen
finden ihren weg zum dichter

wenn die stunde die minuten vertreibt
wenn die nacht den tag vertreibt
wenn der winter den sommer vertreibt –
sie alle suchen zuflucht beim dichter

über den dichter V

wer trunken ist aus liebe
wer geschlagen wird aus liebe
wer tränen vergießt aus liebe
findet trost in den worten des dichters

die sehnsucht des liebenden
der schmerz der trennung
die suche des herzens
sind die gefährten des dichters

eine verwelkte rose aus blut

schutzlos

aus angst
vor der fremde
floh meine mutter
in das schweigen –
    ihre lippen zitterten

aus angst
vor der kälte
biß sich meine mutter
in die finger –
    ihr blut gefror

aus angst
vor der sehnsucht
floh meine mutter
in die krankheit –
    ihr herz verzagte

aus angst
vor der trennung
floh meine mutter
in den hunger –
    ihre brüste verwelkten

der arabische talisman
mit den heiligen versen
konnte sie nicht schützen und
ohne daß
die wände es hörten
ohne daß
die tauben es sahen
ohne daß
selbst die sterne es bemerkten
kroch die nacht
in die augen meiner mutter

auf der suche

ich verließ die stadt
ließ die straßen hinter mir
die menschen die häuser
folgte der spur –
    ich suchte die sterne

ich streifte durch die wälder
folgte tälern
schwamm durch flüsse
ritt auf pferden
auf kamelen in der steppe –
    ich suchte die sterne

die spur führte mich in die berge
auf schmalen pfaden
stieg ich in die höhen
bis mir der atem stockte –
    ich suchte die sterne

weiter zog ich
immer weiter
gelangte in die wüste
ich schlief nicht
ich aß nicht
ich trank nicht
ich sprach nicht –
    ich suchte die sterne
    und fand deine augen

gib mir freiheit

ein toter liegt
auf dem midan tahrir
ein junger mann mit schwarzem bart
seine eltern ahnen nichts
seine tauben ahnen nichts
sein name ungewiß
seine heimat ungewiß
auf seiner stirn
hufspuren wilder kamele
auf seiner brust
eine verwelkte rose aus blut

ein toter liegt
auf dem midan tahrir
ein junger mann mit schwarzem bart
liegt mitten auf dem platz
niemand rührt ihn an
die freunde nicht
die polizisten nicht
die soldaten nicht
die verräter nicht
nur die dämmerung
scheut sich nicht
senkt sich lautlos herab
umhüllt den toten leib
und wartet geduldig
bis später die nacht
unter den fernen sternen
seine letzten worte bezeugt:
gib mir freiheit

vergeblich

du kannst flüchten
versuche es
    zähle die schritte nicht

du kannst klagen
versuche es
    zähle die flüche nicht

du kannst weinen
versuche es
    zähle die tränen nicht

du kannst schweigen
versuche es
    zähle die stunden nicht

du kannst träumen
versuche es
    zähle die bilder nicht

viel nützen
wird es nicht –
    du mußt
    die traurigkeit umarmen

kindheit

als kind
fürchtete ich mich
vor dem heimkommen meines vaters
vor seinen bösen blicken und den schlägen
vor den erdrückenden sonntagen
und der uhr an der nackten wand

fürchtete ich mich
vor der endlos langen nacht
die mir kaum schlaf brachte
aber viel traurigkeit und
träume mit offenen augen

als kind
freute ich mich
auf die stunden in der schule
auf das ausführen der hunde
auf den nachmittag auf dem bolzplatz

und
weil meine mutter
immer krank war
wir keine waschmaschine besaßen
weil ich mich nie
schmutzig machen durfte
wurde ich zu dem fußballer im dorf
den niemand vom ball trennen
den niemand einholen
den niemand foulen konnte
und der die meisten tore schoß

küsse

deine augen küssen
beruhigt das herz

deine stirn küssen
lindert die sorgen

deinen hals küssen
vertreibt die tränen

deine brüste küssen
nimmt den schmerz

deine lippen küssen
läßt das gestern vergessen

das heute das morgen
und was kommen mag

midan tahrir

sie sind so zahlreich
wie die vögel am himmel
setzen sich fest
im herzen der mutter aller städte
ertragen die hitze
ertragen die schläge
    wollen nicht weichen
    bis er abdankt und geht

sie sind so zahlreich
wie die ameisen im sand
stehen hand in hand
skandieren parolen
verneigen sich im gebet
rufen allahu akbar
    wollen nicht weichen
    bis er abdankt und geht

sie sind so zahlreich
wie die steine der pyramiden
vereint durch einen traum
sie klagen
sie klagen nicht
sie lachen
sie lachen nicht
sie weinen
sie weinen nicht
sie sterben
    für die freiheit
    die ihre kinder vielleicht einmal
    erleben werden

mahnung

augenlos folgst du
deinem weg
erkennst die zeichen nicht
hörst die wellen nicht –
sprach dieses meer nicht zu dir?

augenlos reist du umher
mit dem auto mit der bahn
erkennst die wegmarken nicht
hörst die vögel nicht –
sprach dieser berg nicht zu dir?

du sprichst unentwegt
manchmal kluges manchmal geschwätz
erkennst den sinn nicht
hörst die worte nicht –
sprach diese ameise nicht zu dir?

eilig hast du es
immerzu eilig
nicht einmal der wind
kann dich einholen
wenn du fliehst
vor der nacht vor der stunde
erkennst die träume nicht
hörst das flüstern nicht –
wie konntest du es vergessen:
    gedichte schreiben
    ist eine ernste arbeit!

diplomatie

kugeln schlagen ein
fensterscheiben zerspringen
soldaten dringen ein
frauen werden vergewaltigt –
    das haus brennt

granaten schlagen ein
autos explodieren
männer verschwinden
gefängnisse quellen über –
    die stadt brennt

brunnen vergiftet
schafe verdurstet
flüchtlinge marschieren
kinder irren umher –
    der berg brennt

gräber werden geschändet
krankenhäuser belagert
menschen sterben
gespräche werden geführt
in kairo in ankara in genf
werden gespräche geführt –
    syrien brennt
    und alle welt
    führt gespräche

schadenersatz amerikanisch

ein us-amerikaner
dem bei mcdonalds
heißer kaffee
auf die hose verschüttet wird
bekommt mit einem guten anwalt
und einiger finesse
reichlich schadenersatz:
eine million dollar
spricht ihm das gericht zu
für die leichten verbrennungen

als us-soldaten
eine afghanische hochzeitsgesellschaft
mit raketen beschießen
nichts ahnende männer frauen kinder
in den tod reißen
bietet die amerikanische militärführung
den angehörigen der ermordeten
umgehend schadenersatz an:
zwei hundert doller pro afghane
einmalig
und nicht verhandelbar
auch mit den besten anwälten nicht

the taj mahal palace hotel

wie sollen die träume
verschwimmen
bei diesem licht
wie soll dieses lachen
versiegen
bei diesem meer
am tor zu indien

vogelschwärme ziehen ihre kreise
kinder tollen im garten umher
eltern speisen an reich gedeckten tafeln
musik im hintergrund
braut und bräutigam
im anmarsch
schwer beladen mit schmuck
mit plänen für die zukunft
mit verlangen nach glück
im anmarsch
junge männer
schwer beladen mit waffen
mit plänen für die zukunft
mit verlangen nach tod

wie sollen diese bilder
verschwimmen
bei diesem blut
wie sollen diese wunden
verheilen
bei dieser hitze
am tor zu indien

schande

sie schießen
raketen ins all
lassen satelliten kreisen
beobachten feindesland
lenken kriege von
da oben

sie fliegen zum mond
schicken menschen
zu raumfahrtstationen
führen experimente durch
die unmengen an geld verschlingen

sie schicken
sonden ins all
suchen nach
winzigen spuren
von wasser
auf dem mars

wo doch
hier unten
eine milliarde menschen
kein sauberes
trinkwasser
haben

zu mir

wo immer
du bist
finde den weg
der steile pfad ist bereit
die bäume schweigen
die nacht ist geduldig
die sterne warten

wo immer
du bist
finde den weg
das meer ist bereit
die wüste schweigt
die berge sind geduldig
wolf schlange rind ameise warten

wo immer
du bist
finde den weg
die arme sind bereit
die zunge schweigt
das herz ist geduldig
die lippen warten

wo immer
du bist
finde den weg
zu mir

indischer pragmatismus

nebel über neu delhi
seit drei tagen schon
der flughafen gesperrt
keine starts
keine landungen

das wetter
kann man nicht ändern
die gesetze schon

die regierung reagiert
aviation control handelt
und ändert kurzerhand
die auflagen:

passagierflugzeuge
dürfen nun
bei einer sichtweite
von nur 150 metern
starten und landen

dann sieht man weiter

tunesisches feuer

hungrig war er
hungrig seine mutter
hungrig sein sohn
hungrig sein atem
hungrig so sehr
hätte er gekonnt
er hätte seine hand gegessen

er rief nach arbeit
sie nahmen ihm die okraschoten
er rief nach zukunft
sie nahmen ihm den handkarren
er rief nach wasser
sie lachten ihn aus
er rief nach brot
mit schlägen zahlten sie es ihm heim

ein mann brennt
benzingetränkt lichterloh
brennt er
mit dem todesgebet
auf den lodernden lippen

ein mann brennt
und mit einer bismillah
bahnt sich
das feuer seinen weg
über den marktplatz
durch das dorf
durch die dörfer
durch das tal
durch die täler
durch die wüste
bis hin zu den pyramiden
bis auf den platz
im herzen der mutter aller städte

taj mahal II

das auge weiß nicht
wohin es blicken soll
die hand nicht
was sie berühren soll
das ohr weiß nicht
was es hören soll
der mund nicht
was er sprechen soll

schwaden von trauer
strömen durch die luft
trost schwebt über den köpfen
sammelt sich unter der kuppel

das auge glänzt
im licht der edelsteine
die hand streicht
über den glatten schrein
das ohr hört
das pochen des marmors

liebe
flüstert
der mund
ihnen zu
es ist
liebe

leere

der höchste berg
schon erklommen
das tiefste meer
schon vermessen
säbelzahntiger
längst ausgestorben –
propheten verschwunden

die längste straße
schon befahren
das entlegenste dorf
schon entdeckt
mammuts
längst ausgestorben –
engel verschwunden

die wüsten durchquert
die wälder abgeholzt
das traurigste lied
schon gesungen
das schönste gedicht
vielleicht
schon geschrieben –
    was bleibt noch?

zimmer 449

ich bot meine träume an
für einen augenblick linderung

ich bot meine hoffnungen an
für einen augenblick ruhe

ich bot meinen atem an
für einen augenblick schlaf

meine not nahm zu
die geduld verließ mich
gott
rief ich schließlich
dann nimm mein herz

liebe
hauchte er
es ist
liebe

trivandrum

das flugzeug fliegt nicht schnell genug
trivandrum ist nicht weit genug
das arabische meer nicht tief genug
die wellen sind nicht hoch genug
die gedanken eilen herbei

das seminar das vorbereitet werden muß
der vortrag der geschrieben
die lesereise die organisiert werden muß
das faltblatt das gestaltet
das buch das beendet werden muß

und dahinter
die operation deines vaters
nach dem tod deiner mutter
und dahinter
dein schmerzender rücken
nach der verbrannten haut

die backwaters sind nicht schattig genug
das fish-curry nicht scharf genug
der tuc-tuc nicht breit genug
die sterne sind nicht hell genug
die nacht ist finster
die tränen in sicht

cordova bay british columbia

der weise wind
kennt sie
die geschichte
dieser insel
erzählt sie
den möwen am himmel
den seehunden über der gischt
den orcas hinter den felsen
den kanadischen gänsen im flug
selbst der otter
bekommt sie zu hören unter wasser –
    warum spricht der wind nicht
    mit mir?

die wellen schlagen
ans ufer immer und immer
und immer wieder
die wellen treiben
nackte baumstämme ans land
riesenalgen vom grund getrennt
die wellen formen
die kieselsteine aus lava
darunter die krabben
die sehnsüchtig die nacht erwarten –
    warum treibt der wind
    mich fort?

ankommen

mein vater wurde gerufen
um hier zu arbeiten

er blieb zehn jahre
und hörte: anwerbestop!

er blieb zwanzig jahre
und hörte: rückkehrförderungsmaßnahme!

er blieb fünfundzwanzig jahre
und hörte: die ausländer nehmen uns die arbeit weg!

er blieb dreißig jahre
und hörte: das boot ist voll!

er blieb fünfunddreißig jahre
und hörte: unsere gesellschaft kippt!

er blieb vierzig jahre
und hörte: lieber kinder statt inder!

er blieb fünfundvierzig jahre
und hörte: deutschland ist kein einwanderungsland!

mein vater bleibt
mit seinem grauen paß
darauf ein halbmond mit stern –
  wann darf er hier ankommen?

tribut

als mein vater
vor 52 jahren
seine arbeitsodyssee
auf deutschen baustellen antrat
konnte er nicht ahnen
was er alles verlieren würde

er verlor sein gesamtes hab und gut
an die nächtliche sturmflut
er verlor einen sohn
nach fünf jahren leiden
er verlor eine tochter
hinter vier ländergrenzen
er verlor zwei söhne
für lange zeit in kliniken
er verlor sein augenlicht
durch den gleißenden schweißstrahl
er verlor sieben brüder und schwestern
ohne abschied nehmen zu können
er verlor die kraft seines rückens
und wurde zum invalidenrentner
und schließlich
starb seine frau in der heimischen fremde

welch ein tribut
an dieses land –
hält jedem gesinnungstest stand

bildsprache

ein vergilbtes foto
aus dem jahre 1964
mit wasserflecken an den rändern
spuren der sturmflut
die uns alles nahm

darauf meine tante schahdiye
deren milch ich trank
darauf meine mutter
vom gift gelähmt
von den ärzten verlassen
darauf ich
das gift überlebt
von der angst verlassen
wenige monate alt und ahnungslos
darauf armut
darauf hitze
darauf trauer

das vergilbte foto
trug mein vater stets bei sich
und wenn ein bauprojekt beendet
die auszahlung erfolgt war
und wenn die arbeiterkarawane
im aufbruch
die lage kritisch war
für meinen vater
zeigte er das vergilbte foto seinen chefs –
sie sahen
wofür er arbeitete
in der frostig-fernen fremde
und kündigten ihm nicht

über den dichter VI

die brennenden wälder
die sterbenden meere
die durstigen menschen
rufen nach den worten des dichters

die vernunft kennt der dichter
die macht die angst auch die gier
kein gedanke was wem gehört
betört den dichter

über den dichter VII

die mutter der sonne
der vater des mondes
die kinder der erde
wohnen im herzen des dichters

wenn die wolken dem berg zu trinken geben
wenn die vögel dem berg märchen erzählen
wenn die bäume den berg in den schlaf wiegen
kommt das herz des dichters zur ruhe

im rhythmus der raben

gebrochene liebe

ich habe dem meer
unzählige verse gewidmet
habe von ihm geträumt
nicht nur in den nächten –
und dann das

ich habe immer seine nähe gesucht
es immer in schutz genommen
ich bin getaucht in seinen tiefen
habe seine farben getrunken –
und dann das

ich habe seine geschöpfe gestreichelt
seine geduld bewundert
seinen mythen gelauscht
seine schönheit besungen –
und dann
kam der tsunami

vielleicht drei zentimeter
trennten mich vom tod –
    wie kann ich nur
    diese liebe retten?

ein jahr später

morgen wird ein jahr
vergangen sein
seit die welle uns
aus dem paradies vertrieb

ich werde noch
eine nacht abwarten
vielleicht einige augenblicke schlafen
werde noch
einmal träumen
mit offenen augen
wie so oft in den vergangenen monaten
werde an die stunden
der ungewißheit denken

ich werde mich fragen
warum wir überlebt haben
werde mich fragen
wer meine tochter gerettet hat
werde mich fragen
an welchen flecken sri lankas
die welle meine mappe
mit den vielen texten und skizzen
gespült hat

morgen wird ein jahr
vergangen sein
seit die welle uns
an den rand des todes trieb

vielleicht schließe ich die augen
schweige einige minuten
kurz vor zehn
vielleicht bete ich
wieder für die toten kinder
die mit mir am strand gelaufen sind
vielleicht schlägt mein herz
wieder etwas langsamer
vielleicht wird meine kleine tochter
wieder einmal lachen
vielleicht werden mich
wieder einige gedichte finden
und einkehren bei mir –
ich würde sie wie gäste aufnehmen

überlebt

die welle nahm
dreihunderttausend menschen das leben
alleine in sri lanka
neununddreißigtausend tote
und ich
mitten unter ihnen –
mit dem leben davongekommen
warum?
glück? zufall? schicksal?

deine aufgabe ist noch nicht beendet
sagen sie
deine zeit ist noch nicht gekommen
sagen sie
du hast im leben viel gutes getan
sagen sie

aber
all die namenlosen
die innerhalb von fünf minuten
den tod fanden
hatten sie denn schon alle
ihre aufgaben beendet?
die kinder
die morgens mit mir am strand liefen
hatten sie nicht ein leben vor sich?
die mutter
die ihr baby stillte
der vater
der die fische fing
hatten sie nicht auch
viel gutes getan?

sri lanka

auf dieser insel
kaum halb so groß wie bayern
sind straßen gesperrt
landstriche vermint
dörfer blutig umkämpft
brunnen vergiftet –
der frieden ist brüchig
im niemandsland
wo brüder sich bekriegen

auf dieser insel
kaum halb so groß wie bayern
wütet die welle am späten morgen
sterben in fünf minuten
neununddreißigtausend menschen
weitere
vierundzwanzigtausend menschen
sind verletzt
über fünftausend werden vermißt
und sechshunderttausend männer frauen kinder
werden obdachlos

präsidentin chandrika kumaratunga
hat fünf trauertage ausgerufen
damit die perle des indischen ozeans
wieder zur ruhe kommt –

wie können so viel leid und schmerz
in so wenige tage passen
auf dieser trauerinsel
kaum halb so groß wie bayern?

verloren

nachdem sicher war
daß meine frau die welle überlebt hatte
daß meine kleine tochter und ihre yaya
das flüchtlingslager sicher erreicht hatten
pochte meine frau darauf
daß wir sofort fliehen
das zerstörte hotel verlassen
bevor vielleicht eine weitere welle auf uns zukäme

ich aber wollte bleiben
wollte den ort des todes
die verwüsteten bungalows
nicht verlassen
meine familie war gerettet
ich aber nicht

ich wollte bleiben
und mich auf die suche machen
mich interessierten weder koffer noch kleidung
weder schuhe noch schmuck
weder geld noch ausweise
mich interessierte nichts von alledem
was wir vor der welle besaßen

ich wollte einzig und allein
meine weiße jute-tasche finden
darin eine grüne leitz-mappe
darin zwei blöcke
mit skizzen und aufzeichnungen
mit unzähligen gedichtfragmenten
die sich in drei jahren angesammelt hatten –
verloren

nehmen und geben

die welle nahm meine fragen
gab mir schweigen dafür
die welle nahm meine fragmente
gab mir leere dafür

verschwunden
mappe füller leinenpapier
die früchte aus drei jahren inspiration
verschwunden

die welle nahm meinen zeh
gab mir alpträume dafür
die welle nahm mein blut
gab mir schmerzen dafür

verschwunden
das lachen der schlaf die sonne
mit ihrer tröstenden wärme
verschwunden

die welle nahm meine worte
ließ mir lebenszeit dafür

gedächtnis

die welle kommt
der tod
die nachricht
die trauer kommt
die hilfe
menschen auch
maschinen
geld auch
das vergessen kommt –
    das leid bleibt

erbarmen

wenn du gott bist
nimm meine fragen
gib mir antworten dafür

wenn du gott bist
nimm meine tränen
gib mir lachen dafür

wenn du gott bist
nimm meine träume
gib mir hoffnung dafür

wenn du gott bist
nimm meinen atem
gib mir schlaf dafür

irrweg

der die augen
der menschen suchte
bin ich
der die sprache
der vögel fand

der die lippen
der schönen suchte
bin ich
der die flügel
der nacht fand

der die worte
der liebe suchte
bin ich
der die neunundneunzig
schönen namen gottes fand

klare verhältnisse

auf die minuten folgt die stunde
auf die stunden der tag
auf den tag folgt die nacht
zumindest wenn die erde kreist –
ich liebe diese klaren verhältnisse

die wurzeln der bäume sind unten
manchmal wandern sie
die blätter sind oben an den ästen
zumindest wenn sie blätter haben

die menschen haben
zwei augen zwei füße zwei hände
fünf finger an jeder hand
zumindest die meisten
und im kopf ein gehirn
wenn sie denn ein gehirn haben

auf den frühling folgt der sommer
auf den herbst der winter
süden und norden
können sich nie begegnen –
ich liebe diese klaren verhältnisse

der maulwurf kriecht unten
welch fleißige blindwanderung
der falke fliegt oben
machmal im himmlischen blindflug

die toten liegen unten
zumindest die meisten
die lebenden spazieren oben
wenn sie denn leben –
ich liebe diese klaren verhältnisse

st. andrews

die langsamen autos
die gegen wind und regen kämpfen
die müden wände der universität
die gegen den efeu kämpfen
die schweigenden grabsteine
die gegen das vergessen kämpfen
die ungezähmten wellen
die gegen die kaimauer kämpfen
sie ahnen nichts

die frau an der rezeption
die geduldig auf meine unterschrift wartet
der kleine junge mit dem feuermal
der seiner mutter zum auto folgt
der irische kellner im pub
der für bier und nüsse kassiert
sie ahnen nichts
von meiner liebe
nichts von meiner trauer
die sich mit dem regen vereint
und in das meer fließt

limerick jahre später

autos soweit das auge reicht autos
kotflügel an kotflügel
menschen wohin das auge blickt menschen
hierhin dorthin eilend
gedränge auf den bürgersteigen
wie auf den straßen
ampeln die nur rot kennen
verstopfte fahrbahnen
zu beiden seiten des shannon
mit viel glück stop-and-go

wo früher die zeit
in pints of guinness gemessen wurde
abgehackte gespräche am mobile phone
wo früher die verse
sich lustvoll aneinander reihten
taxifahrten ohne das ziel in sicht
wo früher die kühe
das grün der weiden bevölkerten
versiegelte flächen in grauem beton
darauf department stores
und shopping malls
von der größe eines gälischen dorfes
wo früher der open market
zum bummeln einlud
zeigen aldi lidl sparmarkt und konsorten
die faulen zähne des keltischen tigers

guantanamo

sie lassen
den gefangenen
elf tage lang
nicht schlafen

wie können
sie
von sich behaupten
menschen
zu sein?

taj mahal I

vierundvierzigtausend hände
arbeiten zwölf jahre lang
bei sonne wind und regen
am liebesbeweis
des moghulenherrschers

persische meister meißeln
licht in den kahlen marmor
überlisten die schwerkraft
lassen die last schweben
über dem geduldigen raum
verkuppeln die trauer
mit den symmetrischen spiegeln
bahnen einen weg
in die andere welt

vierundvierzigtausend hände
werden abgehackt
damit der liebesbeweis
des moghulenherrschers
einzigartig bleibt
in dieser welt

nachtgedanken

wie finden
delphine ihren weg?
verlieren nicht
die richtung in den tiefen
gleiten mit zuversicht
der nacht entgegen

während wir
uns
ängstlich
zum schlafen legen
auf träume hoffen
die uns durch
die nacht tragen

fischfang in poovar

jallalallah lai
jallalallah lai
vom ufer aus
ziehen die fischer
an zwei faustdicken seilen
das riesige netz
aus dem meer
sechzehn männer an jedem seil

im rhythmus der raben
und der gottesrufe
brechen die wellen an den strand
kurz nach sonnenaufgang

die fischer ziehen
stehen dicht hintereinander
vereint durch die seile
zwei stunden lang
folgen ganz langsam dem netz
das mit der strömung abtreibt

kinder frauen alte
versammeln sich schließlich
doch keine jubelschreie heute
das arabische meer
ist nicht großzügig
am zweiten weihnachtstag

der fang füllt
zwei bauchige töpfe
von zwei frauen auf dem kopf getragen –
für heute genug
das morgen liegt im meer

entgegen

jedem neuen jahr
wohnt ein zauber inne
gespeist von hoffnungen –
    vielleicht erfüllen sich einige

jedem neuen jahr
wohnt ein zauber inne
gespeist von träumen –
    vielleicht werden manche wahr

jedem neuen jahr
wohnt ein zauber inne
gespeist von ängsten
    angst vor krankheit
    angst vor tod
    angst vor zukunft

dennoch:
kein griff nach den sternen
kein tauchen in tiefe meere –
    ich atme den tag
    und setze meine schritte
    dem neuen jahr entgegen

jaipur rajastan

der kamelhöcker
der ochsenkarren
die flügel der tauben
die schweife der pfaue
die rötlichen ziegel
die weichen brote

die staubigen früchte am stand
die schiefen bilder an den bäumen

die zerzausten haare
die zerrissenen hosen
selbst die nackten füße
der straßenkinder
sind getränkt
mit der wärme der sonne

wie schmerzlich
für jemanden
der in wenigen tagen
zurückkehren muß
in das frostig-kalte
bamberg

über den dichter VIII

um unsere einsamkeit zu lindern
um unsere angst unsere sehnsucht zu lindern
greift der dichter
zu den buchstaben

vater und mutter kommen und gehen
sommer und winter kommen und gehen
tag und nacht kommen und gehen
die worte des dichters bleiben

über den dichter IX

wenn die menschen schlafen
wenn die vögel und die bäume schlafen
streut der dichter
träume in die nacht

wo die freude der liebe
wo die trauer des todes
sich niederlassen
ist die heimat des dichters

Inhalt:

Die Deutsche Bibliothek - CIP-Einheitsaufnahme

Cumart, Nevfel:
Unter den Flügeln der Nacht: Gedichte /
Nevfel Cumart. - 1. Aufl. - Düsseldorf: Grupello, 2012.
ISBN 978-3-89978-179-3 (Engl. Broschur)

1. Auflage 2012

© by Grupello Verlag
Schwerinstr. 55 • 40476 Düsseldorf
Tel. 0211 / 491 25 58 • Fax 0211 / 498 01 83
Einbandgestaltung: Matthias Vaskovics
Umschlagbild: @Iaralova – fotolia.com
@Nataliya Hora – fotolia.com
Autorenfoto: Helmut Ölschlegel
Druck: Rosch-Druck, Scheßlitz
Alle Rechte vorbehalten

www.cumart.de • **www.grupello.de**

ISBN 978-3-89978-179-3